LA

SITUATION

PAR

VARWIC

Prix : 50 cent.

PARIS

IMPRIMÉ PAR CHARLES NOBLET

18, RUE SOUFFLOT, 18

1871

LA

SITUATION

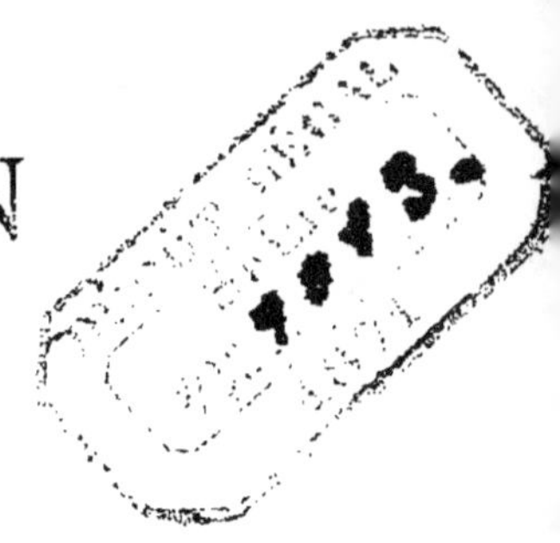

—

Les événements qui s'accomplissent en France, depuis sept mois, déconcertent toutes les prévisions; aucun raisonnement n'aurait pu les faire pressentir. Sans doute, après coup, on peut les expliquer par leurs causes; mais de ces causes il aurait été impossible de déduire rationnellement de tels effets.

La cause primordiale de ces effets remonte à une réunion de personnages compromis par le crime imprescriptible du Deux Décembre et qui, afin d'échapper à la responsabilité immédiate ou médiate de cet attentat, et pour dissimuler les audacieuses déprédations qui l'avaient suivi, étaient, on le savait, capables de tout.

On pouvait donc prévoir qu'un nouveau coup d'Etat, ou une guerre, seraient tentés, afin de dérober à la nation, au moyen du désordre, la connaissance des méfaits restés secrets et de renouveler la force, désormais épuisée, d'un pouvoir despotique usurpé.

Mais quel raisonnement aurait pu révéler que ces fous, de mauvaise nature, allaient, à l'improviste, et sans cause, engager la France, qui n'était pas prête et qui voulait la paix, dans la plus formidable des guerres, contre une nation énergiquement déterminée et habilement préparée à la lutte?

Qui aurait pu prévoir que cette guerre, aussi ineptement faite qu'elle avait été follement entreprise, serait conduite de telle façon que la France, noyée dans le sang, et dévastée par des barbares, serait menée, de désastres en désastres, à la ruine, à la honte, par des chefs dont, pour la plupart, l'attitude et les actes ne peuvent s'expliquer autrement que par une paralysie du cerveau, ou un horrible parti-pris de trahison?

Ces malheurs étant accomplis, quel raisonnement aurait pu conduire à l'hypothèse d'une élection faite par le peuple, composant le parlement le plus en contradiction qui se puisse concevoir, avec les nécessités morales, les droits et les intérêts de ce peuple?

Enfin, comment aurait-il été possible de prévoir que, finalement, du mouvement le plus démocratique, le plus calme et le plus pur de tout excès qui fut jamais, il sortirait un gouvernement qui, aussitôt né, reprendrait les allures, les formules et les prétentions des gouvernements les plus autoritaires, les plus contraires à la raison et les plus antipathiques à la portion éclairée du peuple français?

Pour terminer cette exposition, déjà longue, comment aurait-on pu être amené à penser que, du suffrage universel dû à l'initiative de Paris, il surgirait une nombreuse réunion d'hommes, les uns réputés supérieurs, les autres prétendant au bon sens et au patriotisme, qui oseraient agiter la question de substituer à Paris, comme capitale du monde civilisé, quelque obscur chef-lieu de canton provincial; à Paris, qui est le lien naturel de la France et qui l'est à ce point que, si ce lien venait à se rompre, toutes les parties se disperseraient, flottant chacune dans le vide de leur isolement particulier; à Paris qui, à lui seul, est un *tout complet ;* à Paris, le centre exclusif où se résume toute la nation, le lieu de rendez-vous commun de l'univers, le terrain unique où les intelligences puissent produire toutes leurs fleurs, tous leurs fruits?

Ce n'est pas parce que, participant de l'infirmité humaine, il lui est imposé de subir, à côté de toutes ses grandeurs, de toutes ses élévations morales, qui ne sont, après tout, que les reflets des rayons lumineux de toute la France concentrés à son gigantesque foyer ; ce n'est pas parce qu'il contient des ombres, des petitesses, des misères, des hontes, et des ignominies : c'est-à-dire des journalistes vendus , des filles dites de joie et que l'on ferait mieux d'appeler filles de désespoir, des escrocs, des assassins, des empcreurs et leurs complices; qui tous, le plus souvent, sont infligés par la province à la ville sacrée, ainsi qu'une certaine société, peu scrupuleuse, qui s'en accommode, ce n'est pas pour cela que Paris aurait perdu les droits qu'il tient de la nature des choses et qui dérivent de son utilité même; et cette utilité est telle que, s'il n'existait pas, il faudrait le créer; car un grand centre de réunion chez un grand peuple s'impose comme la nécessité; quand il existe, on ne le détruit pas, pour le refaire ailleurs : l'Italie est retournée à Rome !

A supposer qu'aucune puissance au monde pût faire que Paris cessât d'être *capitale*, pour devenir un Versailles quelconque, le premier village venu, où se concentrerait la vie publique, deviendrait à son tour *Paris*. Il ne se serait donc opéré qu'un déplacement, toutes choses restant égales d'ailleurs; le but poursuivi ne serait pas atteint : il y aurait toujours un lieu *unique* où se trouveraient résumés le génie, le cœur, la grandeur de la France, et qui serait le centre de l'univers intelligent.

S'il pouvait être donné, à ces contempteurs de la grandeur humaine, d'accomplir leur dessein de barbares, d'avilir Paris et de l'ensevelir dans les ténèbres, parce qu'il contient du mal, il ne faudrait pas s'arrêter là; il faudrait refaire l'œuvre de Dieu à Sodome; plus encore, il faudrait dévaster la terre, recommencer le déluge, détruire le genre humain; car il n'est pas un point occupé sur le globe où le mal ne soit à côté du bien, où l'ombre ne suive la lumière.

Ce n'est donc pas Paris seulement qu'il vous faut menacer, si vous êtes sérieux, ô pâles vieillards, en qui le feu sacré s'est éteint, ô vous, paysans abusés, villageois attardés, bourgeois affolés :

C'est le monde !

Mais non, mortels, vous ne toucherez pas au globe; non, pygmées, vous ne porterez pas la main sur Paris; non, hiboux, vous n'éteindrez pas le soleil !

Soulever de telles discussions n'est pas digne de graves législateurs. Pères conscrits, revenez à la sauce du turbot; c'est tout aussi sérieux et c'est moins dangereux !

Pour punir Paris de ce qu'il vous envoie le génie, à vous, la matière; de ce qu'il vous envoie la lumière, à vous hiboux; de ce qu'il vous envoie la liberté, à vous promoteurs de servage, vous voulez en exiler la machine gouvernementale ! Eh !

Messieurs, hors de Paris, vous serez bien peu de chose : tous vos rouages ou tourneront dans le vide, ou s'arrêteront au point mort, parce que la force vive vous fera défaut et ne pourra se renouveler.

Lorsque les monarques absolus voulaient amoindrir les parlements, ils les exilaient en province, et il n'en était plus question. Louis XVI aussi a voulu se cantonner à Versailles, et, vous le savez, ce n'est pas Paris qui en a souffert.

De même, ce n'est pas Paris qui souffrira de votre absence, ce sera vous.

Par l'amoindrissement, auquel vous vous condamnez et condamnez avec vous la France elle-même, vous déshonorez vos électeurs, et vous excédez évidemment vos pouvoirs. La France vous a donné mandat de la représenter dignement, chez elle, à Paris, et non dans le coin perdu de quelque banlieue. Vous désertez le poste qui vous a été assigné. Ce solennel franc-filage (pardon pour le mot) est indigne d'un corps qui prétend au prestige ainsi qu'aux immunités de la majesté et qui élève son autorité à la hauteur d'un dogme. Vous avez peur ! Mais c'est là une raison de lièvres et non une raison d'hommes d'Etat. Or, vous avez à représenter des hommes, non la bestiole des guérets.

O vous, grands Romains, qui attendiez, impassibles, la mort même sur vos chaises curules, où êtes-vous ?

Ah ! Messieurs, quelle étrange mesure avez-vous donnée de votre intelligence ?

Et que cette intelligence est peu rassurante pour le salut de la patrie !

En vérité, la grandeur de votre aberration n'a d'égale que celle de nos malheurs, et l'histoire ne l'oubliera pas !

De même, ce n'est pas sans un sentiment de tristesse indignée que l'on a vu un homme investi du pouvoir ne motiver la convenance d'un retour vers Paris que par des raisons exclusivement domestiques, et n'opposer, à l'hostilité de médiocrités relativement infimes, que des habiletés malicieuses, trop glorifiées, en tout cas indignes de la grande cause qu'il avait à soutenir. Son devoir lui commandait de parler au nom des grands principes et de la raison supérieure ; au lieu du langage qu'il a tenu, il lui était donné de dire avec autorité :

« Ne pas retourner à Paris qui a été si grand, si digne
« dans un malheur sans nom, c'est déclarer, vous, province,

« *qui l'avez laissé périr*, que vous rougissez de votre petitesse
« et de votre défection ; ne pas retourner à Paris qui veut le
« progrès, non plus seulement dans les mots, mais dans les
« choses, à Paris qui est la véritable *colonne de feu*, c'est mé-
« connaître les besoins et les droits de l'humanité, c'est
« vouloir marcher dans le désert, sans direction ; ne pas re-
« tourner à Paris qui a tout souffert pour tous, et qui a tant
« de ruines à réparer, alors que la présence même des pou-
« voirs peut aider à cette réparation, c'est plus qu'être égoïste
« et impolitique, c'est être ennemi ; ne pas retourner à Paris
« qui a toujours montré tant d'abandon aux pouvoirs, et qui
« s'en est toujours si mal trouvé, c'est vous déclarer vous-
« mêmes justement suspects ; fuir Paris, décapitaliser Paris,
« la grande unité nationale, c'est déclarer que vous voulez la
« division, que vous voulez refaire l'autonomie pseudo-
« féodale du clocher, c'est-à-dire rétablir l'autocratie du
« châtelain, du curé, du gendarme, et achever le démembre-
« ment du pays, préparé par d'étranges incapacités et com-
« mencé par l'ennemi ; fuir Paris qui a combattu et voulait
« défendre à outrance le pays en se défendant lui-même,
« alors que rien n'a pu vous tirer de votre inertie égoïste et
« aveugle, c'est professer qu'il vaut mieux se courber esclave
« sous la verge d'un maître, que résister en libre citoyen.

« Enfin, au lieu de venir solennellement proclamer que
« Paris, qui seul a sauvé l'honneur de la France, *a bien*
« *mérité de la Patrie*, insulter Paris et prétendre sup-
« primer cette entité morale de la France... et après le
« blocus des Prussiens, votre blocus... après Von Moltke
« bombardeur, Vinoy menaçant ; après la famine imposée
« par Berlin, la famine imposée par Versailles... Ah ! Mes-
« sieurs, prenez garde ! ceci est grave, et c'est trop ! Vous
« allez trop loin, plus loin que les ennemis eux-mêmes qui,
« pouvant renverser le Paris de pierres, ont reculé devant
« cette dernière injure que votre défection leur permettait
« d'infliger à l'humanité ; et si bien, que, peut-être un jour,
« leur en sera-t-il tenu compte, si l'on est amené à rappro-
« cher cette conduite de la vôtre.

« Messieurs, la France, la raison supérieure à la France,
« ne nous donnent pas ces pouvoirs. Nous allons révolter les
« consciences et scandaliser l'histoire, qui se demandera si
« nous étions des Athéniens intelligents ou des Béotiens
« hébétés et attardés au milieu de la civilisation moderne !

« Et de plus, enfin, votre tentative est une atteinte à l'u-
« nité française, une provocation au démembrement de la
« France. C'est là un crime politique de premier ordre.....
« Prenez garde.....

« Arrêtez-vous ! »

C'est ainsi que vous, le chef du Pouvoir exécutif, auriez dû
parler. Mais non-seulement vous n'avez pas tenu ce langage
et n'avez traité cette grande question, désormais historique,
que du point de vue de simples commodités matérielles ;
mais encore, un peu plus tard, faisant allusion au refus
opposé par des gardes nationaux (plus sages, plus hu-
mains, meilleurs politiques surtout que vous), de procéder à
la guerre civile, dans Paris, vous vous êtes écrié, aux grands
applaudissements de cette Chambre, qui montre si peu de
lumière et tant de préjugés :

« *Paris ne* NOUS A PAS AIDÉS *à le délivrer des insurgés ; Paris*
« *nous a donné le droit de préférer la France à lui.* » (21 mars
1871.)

Après vous être exprimé ainsi précédemment : « *Pour ma*
« *part, je ne pourrais, sans me* FAIRE HORREUR A MOI-MÈME, *être*
« *ingrat pour cette* GRANDE POPULATION, *qui a relevé la*
« *France aux yeux du monde entier.* » (10 mars 1871.)

Donnant ainsi, les uns et les autres, le spectacle d'une per-
pétuelle contradiction, qui atteste que vous parlez et agissez,
sans en avoir conscience, à la manière des enfants, c'est-à-
dire selon vos intérêts, vos sentiments ou vos passions du
moment, et non selon les préceptes immuables de la raison
et de la vérité, qui seuls donnent de la fixité aux vues des
véritables hommes.

De sorte que, au lieu de ramener tous ces esprits égarés
au véritable sens commun et aux sentiments de la paix, dont
ils étaient si remplis vis à vis des Prussiens, vous entreteniez
leur égarement, vous attisiez la guerre civile, et vous auriez
consommé cette rupture entre Paris et la province, qui, selon
votre ministre, « *est non-seulement une erreur, mais encore une*
« IMPIÉTÉ NATIONALE, *un* CRIME CONTRE L'UNITÉ DE LA FRANCE,
« *contre le bon sens* (1), » s'il était en votre pouvoir de produire une pareille perversion de l'ordre ; car, les habitants
de Paris, retournant contre vous votre phraséologie, aussi
mauvaise que factieuse, auraient pu vous répondre :

(1) M. Jules Favre, 21 mars 1871.

La province ne nous a pas aidés à nous délivrer des Prussiens, la province nous a donné le droit de nous préférer à elle.

Mais non, ils ne répondent point ainsi : parce qu'ils savent que c'est à l'absence de direction et à la surprise qu'il faut attribuer l'inertie apparente de la province ; comme ils savent aussi que tous, les uns et les autres, ayant le même cœur et les mêmes intérêts, ne pourront que former une seule famille, lorsque des intermédiaires, tels que la plupart des mandataires actuels du peuple, ne seront plus là pour asservir les humbles et les ignorants à l'aide de leurs propres préjugés.

De plus, il n'est pas inutile de faire remarquer que, selon la formule de votre imprécation, ce ne sont pas seulement ceux que vous appelez les insurgés qui seraient menacés : ce serait le Paris tout entier ; car, selon qu'on le dit, il est d'usage, sur les champs de bataille, de tirer aussi bien sur ses propres troupes, quand elles refusent de marcher, que sur l'ennemi. Or, une partie des gardes nationaux ayant refusé de marcher sur les autres, et vous ayant refusé concours, pour commencer la guerre civile (consolant et admirable progrès des temps), c'est donc sur ces réfractaires, aussi bien que sur vos adversaires déclarés, que vous auriez tiré ! C'est donc bien *tout Paris* que vous vous proposez de réduire par les moyens destructifs ordinairement pratiqués à la guerre ! laissant à Dieu, sans doute, le soin de choisir entre les bons et les mauvais !

Prenez garde !

Il faut donc que la Chambre le sache et se le dise bien à elle-même : Rien que pour avoir agité cette question et refusé de venir prendre son poste à Paris, elle s'est frappée elle-même d'indignité intellectuelle et politique.

Désormais, radicalement réduite à l'impuissance, elle ne fera plus rien ou agira mal : Jupiter les a tous aveuglés..... et l'on sait ce que fait Jupiter de ceux qu'il aveugle !

*
* *

Voilà assurément ce qui constitue un inattendu dépassant toutes les proportions de la vraisemblance et à la conception duquel nul syllogisme n'aurait pu conduire.

Mais si la logique avait ainsi été impuissante à déterminer

la prévision des antécédents sus-indiqués, il n'en est pas tout à fait de même, relativement aux événements qui s'accomplissent en ce moment, et qui, si étranges et si considérables qu'ils soient, ne sont point inattendus ; car, leurs causes étant données, ils s'en déduisent d'eux-mêmes.

En effet, voici un Gouvernement qui finit, ayant, par des défaillances plus ou moins justifiées, — l'histoire prononcera à cet égard, — mécontenté, en général, un peu tout le monde et absolument, en particulier, Paris, *qu'il avait laissé succomber*. Des élections ont lieu. On sait que, malgré l'allégation officielle, elles n'ont point été faites et ne pouvaient être faites en pleine liberté, en ce sens que, — malheur des temps, — elles ont été nécessairement hâtives ; que les esprits éperdus étaient troublés par la présence de l'ennemi et qu'elles ont subi des influences locales, dont la nature est connue et dont le critérium était la paix, — ce qui était légitime ; — mais la paix à tout prix, — ce qui l'était moins, — et particulièrement la haine de Paris, — ce qui ne l'était plus du tout.

Aussi de cette élection ainsi inspirée et conduite, est-il résulté une Chambre composée d'élus qui, pour le plus grand nombre, sont moins les représentants élevés de la chose publique et du droit, que des personnalités privées apportant avec elles leurs petites passions et leurs petites infirmités intellectuelles, se représentant elles-mêmes et formant une majorité pour qui la force semble primer le droit ; car cette majorité est violente dans ses formes ; car nulle réunion populaire n'a donné le spectacle brutal de ses tumultes ; car elle a tout d'abord manifesté son esprit de réaction et blessé la conscience et la foi publiques en chassant, par ses insultes, l'un des génies qui honorent le plus la France, comme elle a payé des mêmes insultes l'homme chevaleresque qui s'était voué à la défense de la Patrie, qu'eux, les violents, — vis à vis de leurs concitoyens, mais non vis à vis de l'ennemi, — n'ont pas secourue !

Comme s'ils avaient mandat de compromettre ainsi l'honneur public ! Comme s'il leur était permis, à eux les nains, d'essayer d'atteindre les géants au visage !

Si bien que, lorsque cette Assemblée prend la licence de déclarer (1) qu'elle est « *l'image* » de la nation, c'est peu

(1) Proclamation de l'Assemblée nationale au peuple et à l'armée, du 21 mars 1871.

flatteur pour la France ; qu'elle en est « *l'espoir*, » c'est une dérision ; — qu'enfin elle en est « *l'unique salut*, » c'est une plaisanterie qui n'est pas contenue dans des bornes décentes.

*
* *

Un gouvernement est établi. Ce gouvernement, dédaignant les droits de la raison, tend à reconstituer l'autorité, dans la mauvaise acception de ce mot ; comme aussi, perdant le sens pratique des choses et insouciant des enseignements de l'expérience, il prend des mesures qui, s'il est sincère, ont le malheur de le rendre suspect, et, s'il ne l'est pas, de révéler trop audacieusement, peut-être, des projets qui le rendent factieux. En tout cas, il manifeste un dédain de l'opinion, qui est au moins une insulte, autant qu'il est une menace. Il prétend mettre en œuvre des agents que repousse la conscience publique, comme ayant été serviteurs ou complices de l'Empire, et comme étant les ennemis les plus avérés d'un gouvernement populaire. Cette prétention est suffisamment manifestée par les termes de la dépêche officielle que le chef du pouvoir exécutif a adressée à ses agents de tous ordres, le 22 mars 1871 :

« Tous les chefs de l'armée qui rentrent, viennent offrir « leur épée au gouvernement. Le *maréchal Canrobert*, se « joignant à tous les autres, a fait auprès du *président du* « *conseil* une démarche des plus dignes et qui a reçu *l'accueil* « *qu'elle méritait !* » — Enfin il ose, voulant rester dans les traditions du despotisme, prétendre, de son autorité privée, soumettre les trois ou quatre cent mille hommes qui, à Paris, sont armés pour défendre la cité envers et contre tous, contre le gouvernement lui-même, s'il abuse, au *commandement absolu* d'un général qui, au 2 DÉCEMBRE, avait déclaré que « *la France n'attend son salut que de l'Empire ;* » que la notoriété signalait comme étant brutal à l'excès, haï de ses soldats, et dont les titres particuliers à l'obéissance des citoyens libres, à la tête desquels il avait l'honneur d'être placé, étaient ainsi formulés, en manière d'avertissement, par un journal officieux : « *Le général d'Aurelles de Pala-* « *dines est un militaire* INFLEXIBLE *!* » et par lui-même en ces termes : « J'ai la ferme volonté de *réprimer avec énergie tout*

« ce qui pourrait porter atteinte à la tranquillité de la Cité. »

De même, c'est un général, élevé aussi à l'école de l'Empire et l'un des grands dignitaires de ce gouvernement, qui fut appelé au commandement, également *absolu*, de l'armée de Paris.

C'était là réaliser, par les faits, la restauration de la force, signifiée en ces termes, le 10 mars, par le chef du pouvoir exécutif :

« Il fallait procurer l'ordre (à cette époque il était com-
« plet). Et vous n'ignorez pas qu'il y a des hommes qui ne
« craindraient pas de faire succéder la guerre civile à la
« guerre étrangère ; hommes dangereux, *heureusement en*
« *petit nombre....* Nous avons rassemblé des *forces imposantes*
« pour décourager ces hommes, avant d'être réduit à les
« vaincre.....

« Il a fallu prendre ces forces *dans toute la France*, pour
« les *diriger sur Paris !...* »

Quoi ! tant de forces *imposantes* appelées de toutes les parties de la France pour *vaincre un petit nombre d'hommes !*
Mais, d'un côté, c'est un état permanent de guerre civile
que le chef du pouvoir exécutif signifie ainsi au pays ; car il
y aura de tout temps *un petit nombre d'hommes* qui voudront
ce que ne veut pas le pouvoir ; et, d'autre part, si ce *petit
nombre* ne représente que lui-même, à quoi bon un pareil
bouleversement de la France ? Est-ce que Paris n'y suffirait
pas ? Dans le cas, au contraire, où *ce petit nombre représente-
rait autre chose que lui-même,* en les repoussant de cette
façon, ce serait donc que, selon la maxime prussienne, la
force doit toujours *primer le droit ?*

M. Thiers reprend plus loin :

« Il faut ramener nos prisonniers et, *en choisissant parmi*
« *eux* (les soldats de l'Empire), refaire une armée qui est
« notre premier besoin, pour notre politique de paix et *pour*
« *le maintien de l'ordre !....* »

Encore la force ! Toute une armée ! pourquoi ? rien que
pour maintenir l'ordre ! Et quel est cet ordre, qui ne peut
se *maintenir qu'au moyen de toute une armée ?* Et contre qui ?
contre *un petit nombre !*

Et puis, *choisir !* quelle injure pour une armée malheureuse et trahie !

Enfin, il ajoute encore :

« Si l'ordre est sérieusement troublé, vous pouvez compter

« sur mon dévouement pour le rétablir, avec LA DERNIÈRE
« ÉNERGIE ! »

Et, nécessairement, par énergie, il faut entendre *rigueur !*

Ainsi, c'est toujours la vieille idée de la force qui domine,
dans ces esprits empreints de vieilleries plus ou moins in-
nocentes ; c'est toujours par la menace et par l'injure que
procèdent les hommes de gouvernement, alors qu'ils seraient,
au contraire, tenus à rester impassibles et respectueux du
public, comme représentant tout le monde. Il paraît que le
pouvoir est toujours une école où l'on n'apprend rien, où
l'on n'oublie rien !

Dans ses proclamations et dans ses discours, le Gouvernement se montre animé du même esprit, et il fait chorus
avec certains membres modérés de la Chambre et avec les
journaux dits conservateurs.

Au lieu de sages et conciliantes paroles, en rapport avec
la dignité d'une assemblée qui prétend à la souveraineté absolue, et de nature à ramener des égarés, il ne profère que
des menaces, des injures, des calomnies qui, par leur violence et par leur généralité même, atteignent et indignent
un grand nombre, souvent tout le monde (1).

Bien plus encore ; en signalant *officiellement* l'éventualité
d'un retour offensif de l'ennemi comme imminente, alors
qu'il n'en était rien, il a paru lui-même inviter cet ennemi à
reprendre, au point arrêté, le massacre de Paris.

De quelque façon qu'on l'apprécie, une telle déclaration,
qui serait, en tout cas, *émanant du Gouvernement,* plus qu'une
imprudence, constitue un délit grave ; car elle rentre dans
la catégorie des actes de publicité qui, *pouvant servir à l'ennemi,* sont proscrits par la loi. En effet, par ces menaces,
qu'il eût certainement contredites et condamnées, si elles fussent venues d'ailleurs que de lui-même, et dont le but particulier était de pousser, par la terreur, les citoyens paisibles
à la guerre civile, le Gouvernement ne semblait-il pas ad-
mettre implicitement le droit de l'ennemi à recommencer
les hostilités malgré les conventions de paix, la mauvaise foi
ne pouvant se supposer vis à vis d'un contractant ? Ne lui
fournissait-il pas ainsi, par avance, une excuse, un argu-

____

(1) Voir notamment le déplorable discours prononcé par le Ministre
des affaires étrangères, le 21 mars, et qui, en raison de sa violence
maladive, rappelant la bonne manière de MM. de Cassagnac, cause
une déception profonde aux plus sincères admirateurs de son talent.

ment tiré de ces prévisions mêmes, qui ressemblaient à des suggestions, et qui y ressemblaient si bien que, certainement, un justicier n'aurait pas hésité à leur appliquer la qualification légale *d'intelligences avec l'ennemi ?*

Or, on sait quelle est la légalité à cet égard !

Un misérable, accusé de ce crime, vient d'être condamné à mort...! Il avait seulement guidé l'ennemi, dans les chemins environnant Paris..... (1).

Et vous, *pouvoirs*, vous enfants ou créatures de Paris, vous Coriolans avant le repentir, vous paraissez l'appeler..... *dans ses murs !*

C'est ainsi que tout, dans ce Gouvernement, est suspect, ou contradictoire avec la logique du sentiment public.

Et, à cette occasion, il faut, avec douleur, reconnaître encore que la France traverse une époque bien malheureusement partagée, sous le rapport du personnel exerçant l'autorité : ses hommes d'Etat sont au niveau de ses hommes de guerre ; ceux-ci n'ont su faire, avec l'ennemi, qu'une paix désastreuse et non la guerre ; ceux-là ne SAVENT ou ne *veulent* faire, avec leurs concitoyens, que la guerre féroce et non la paix fraternelle !

Pauvres génies! Pauvres cœurs! Malheureuse France !

*
* *

Si donc, à cet ensemble de faits et de paroles, on ajoute encore : la suppression des journaux ; l'interdiction du droit de réunion ; la convocation des conseils de guerre ; le maintien de l'état de siége, relativement aux choses civiles, alors que la guerre a cessé ; des condamnations à mort dérisoires ; le rappel à Paris des armées libérées et des armées de province, en remplacement des troupes, qu'une communauté de malheurs et de souffrances avait unies à la population parisienne ; le *bon accueil* fait aux offres des trop significatifs héros *du 2 Décembre*, et quelles offres ! le rétablissement, dans leurs emplois, des anciens agents et des magistrats les

(1) Conseil de guerre, 3e division, audience du 10 mars 1871, affaire Lebègue.

plus dévoués de l'Empire (1); les attentats à la liberté par des détentions arbitraires et que le salut public ne commandait pas; l'interdiction de la publication des papiers de l'Empire (publication vengeresse de la morale publique); les projets de rétablissement des entraves à la presse (timbre, cautionnement, etc.); le refus de revenir au siége naturel du Gouvernement, à Paris; la présence de princes-prétendants, soufferts contrairement à la loi, non-seulement en France, mais auprès du Gouvernement, avec une tolérance qui a tous les caractères de la connivence; si, à tout cela, on ajoute que le passé politique même du chef de l'exécutif, — lequel est parvenu à un âge où, d'ordinaire, on ne change guère, — est un sujet d'inquiétude; qu'enfin l'équivoque est partout, la sincérité nulle part, on peut s'expliquer comment dans les esprits, même les moins prévenus, il a dû se produire un état psychologique de doute invincible et de suspicion motivée, de nature à provoquer les crises qui en sont les résultats naturels et inévitables; et qu'ils ont bien pu prétendre avoir le droit, — si bien professé d'ailleurs par tout le monde depuis huit mois, — de rester armés, ceux-là qui ont l'expérience des surprises et des trahisons dont le peuple a toujours été la victime, lorsqu'il s'est abandonné à la confiance.

Voilà ce qu'il était facile de prévoir..... et aussi de *prévenir*, si l'on était sincère.

Les véritables coupables et les égarés ne sont donc pas ces hommes que certains intéressés vouent à la malédiction publique; ce sont ceux dont l'expérience s'est formée dans de longues luttes politiques, où la calomnie et les menaces ne leur ont pas été non plus épargnées; ceux qui sont pourvus

(1) M. Imgarde de Leffenberg, ancien procureur général, a été installé, le 28 mars dernier, en cette qualité, à Rouen.

Il avait dit, à une installation pareille, en 1870 : « J'accomplis le « premier de mes devoirs, en déposant publiquement, au pied du « trône, la respectueuse expression de ma profonde reconnaissance et « de mon *entier dévouement*.

« L'Empereur a daigné me placer à la tête du parquet de Rouen, je « ne désespère pas de l'*y bien servir*, s'il suffit, pour cela faire, d'*une* « FOI MONARCHIQUE INÉBRANLABLE, d'un ATTACHEMENT SINCÈRE A LA « DYNASTIE. »

On se demande quel lien de relation honnête il peut exister entre ces deux idées : rendre la *justice* et l'*attachement sincère à la dynastie!*

Courtisan servile, et plus! Ce ne sont pas ceux-là qui rendent des *arrêts* et non *des services*.

des lumières d'une éducation supérieure ; car, malgré tous ces avantages sur leurs adversaires, ils n'ont pas voulu ou n'ont pas su prévoir ces extrémités, et, lorsque les masses travaillantes aspirent à agir politiquement, ne savent que les repousser et les provoquer par des menaces de massacre et les injurieuses et calomnieuses épithètes de *vile multitude,* de *tourbe impure,* de *pillards* et d'*assassins !...*

Pauvre moyen pour ramener les uns et avoir raison des autres ! Mauvais langage, si c'est bien en effet la pacification que l'on cherche et non sa propre satisfaction. Langage imprudent qui accuse plus de passion aveugle que de génie politique et de justice ; car, à supposer que, pour quelquesuns, ces invectives fussent fondées, ces invectives auraient toujours au moins le tort particulier de confondre, dans leur injurieuse et menaçante généralité, avec l'homme effectivement animé de mauvaises intentions, ceux qui, de bonne foi, croient exercer et exercent en effet leur droit légitime de citoyens, et de les contraindre ainsi tous également à se constituer en état d'hostilité violente , sans qu'il y ait impérieuse nécessité à ce qu'il en soit ainsi.

C'est là effectivement un abus que nul homme, fût-il *au pouvoir,* et *surtout s'il est au pouvoir,* ne peut se permettre sans être un incapable, sans être ennemi du véritable ordre public et sans se rendre coupable d'une véritable forfaiture sociale.

Il y a plus : hommes publics, ils n'ont pas le sentiment des convenances sociales ; législateurs, ils ont perdu le sens des obligations juridiques ; mandataires, ils n'ont pas la perception nette de l'esprit et des limites du mandat qui leur a été confié.

Hommes publics, ils oublient que ce n'est pas en ces termes que, devant le monde entier, on parle de ses concitoyens à eux-mêmes, et que les hommes d'Etat ne doivent tenir qu'un langage décent, modéré, respectueux du public et *scrupuleux observateur de la stricte vérité.*

Législateurs, ils oublient qu'il ne leur est point permis d'ignorer que le phénomène des agitations humaines doit être envisagé, étudié de haut, avec les sérénités de la forte raison ; que l'infirmité humaine se guérit, ou se calme, par la fraternité et que c'est avec une infinie bienveillance, une souveraine impassibilité, que doit être abordée la solution des problèmes sociaux qui ne s'élucident pas avec des injures, pas plus qu'ils ne se résolvent avec des soldats et des canons ; que les fureurs de partisans, auxquelles ils se laissent emporter, sont hors des sphères de la sagesse à laquelle ils prétendent, et qu'enfin, s'ils ne se possèdent pas eux-mêmes, ils ne peuvent pas prétendre à posséder les autres et à diriger leurs destinées.

Législateurs, ils oublient que, juridiquement, ils ne peuvent pas plus, sans commettre un délit caractérisé, diffamer, flétrir, en vertu d'appréciations qui n'ont de sanction que leurs passions aveugles ou leurs intérêts particuliers, les hommes visés par leur phraséologie déclamatoire, que le juge n'a le droit d'insulter même le criminel avéré auquel il applique impartialement et impassiblement la loi.

Et ils ont d'autant moins ce droit, que, d'une part, étant PLUS que le JUGE, — puisqu'ils l'instituent et qu'ils sont chefs de justice, — ils sont tenus à rester le type sur lequel le juge a les yeux fixés pour rendre ses jugements ; et que, d'autre part, ils sont *moins* que le *juge*, étant parties eux-mêmes au débat.

Mandataires, ils oublient *qu'ils ne sont pas eux-mêmes* la *souveraineté;* qu'ils ne sont que les délégataires d'une *collectivité* qui n'est pas elle-même la *souveraineté absolue*, cette souveraineté n'existant que dans l'individualité et dans la raison supérieure, laquelle s'impose toujours, malgré les prétentions contraires, et quoi que l'on *convienne* ou qu'on *fasse;* ils oublient, en conséquence, que, lorsqu'ils prétendent prononcer et agir comme souveraineté absolue, selon leurs petites passions étroites et leurs petites vues, ils abusent, et qu'au lieu d'apaiser les conflits et de rétablir les équilibres, avec une raison et une modération faisant contrepoids à la déraison et aux emportements ; lorsqu'ils invectivent au lieu d'instruire, ils dépassent le mandat qui leur a été confié, attendu que leurs mandants eux-mêmes auraient excédé leurs propres droits, en procédant de la façon qu'agit le mandataire.

Voilà ce qu'oublient trop et ceux qui ont le pouvoir et ceux qui ont pu représenter, de *droit*, la nation, pendant un moment, mais ne la représentent plus maintenant que de *fait*, parce que leur mandat, en bonne foi, avait un objet spécial, la paix, et que cet objet est accompli.

Il faut le leur rappeler, et qu'ils se le redisent, afin qu'ils ne l'oublient pas.

De tous ces conflits, de toutes ces défaillances morales, de toutes ces passions inconscientes le plus souvent, il résulte donc beaucoup de confusion, d'antagonisme, de division, alors qu'au fond il n'y a entre tous les gens sincères et animés d'un sentiment d'honnêteté, quelquefois mal défini, qu'un malentendu, et qu'en résumé tout le monde veut à peu près la même chose.

C'est là un cercle vicieux ; s'il est un point par lequel on puisse sortir de ce cercle, qui doit l'ouvrir ? N'est-ce pas aux classes dites éclairées que s'impose cette tâche ? Ne peuvent-elles conduire fraternellement la masse rivée jusqu'ici à l'ignorance par la nécessité quotidienne de gagner son pain, dans les véritables voies de la justice et de la charité ? Ne pouvez-vous mener les esclaves à la liberté ? Citoyens, vous êtes réfractaires à l'égalité ; chrétiens, vous méconnaissez les lois de la fraternité humaine et de la charité.

Dans le cas particulier du déplorable conflit qui vient de surgir, pourquoi ceux qui se rangent sous la bannière de l'ordre n'en appellent-ils, au *nom de la loi* dont ils comprennent mal l'esprit, qu'à l'arbitrage de la guerre civile, au lieu de s'entendre cordialement avec ceux qui s'insurgent *au nom du droit* ?

Que le chef du pouvoir exécutif, dont le cerveau est façonné au vieux moule des idées d'autorité qui ne comportent guère, dans les faits, que le commandement absolu d'un côté, et l'obéissance passive de l'autre, que ce chef proclame, avec plus d'imprudence que de raison, qu'il ne « *parlemente* pas avec l'émeute,* » et, selon son ministre, — un ancien révolté aussi,— qu'il châtiera sans merci, « *les misérables ne méritant* AUCUNE PITIÉ ! » Cela se conçoit jusqu'à un certain point ; la position peut le commander peut-être, s'il s'agit, en effet, d'une émeute de *tourbe impure*, n'ayant pour but que le crime et la dévastation, bien qu'en tout cas il vaille mieux parlementer que tuer ; mais, lorsqu'il s'agit d'un mouvement aussi grave et aussi important, par le nombre des participants, que celui qui s'est produit, d'un mouvement reposant sur le point d'appui de revendications sérieuses, cette menace d'inflexible sévérité, qui vise à la fierté, n'est pas seulement de la déraison, elle est anti-humaine, autant qu'elle est contraire aux intérêts que l'on semble vouloir servir.

Dans le cas particulier, ces revendications étaient-elles justes ? Evidemment oui, si l'on en croit la satisfaction qui, en principe, leur a été donnée, et si l'on reconnaît que, par leur objet, elles sont en conformité avec la nature des choses actuelles, avec la raison, et qu'elles sont le *desideratum*, plus ou moins défini, de toutes les consciences.

En effet, quel est le litige en l'état des choses?

Un grand nombre de citoyens ne concèdent pas au Gouvernement le *droit exorbitant* d'imposer *arbitrairement* à QUATRE CENT MILLE CITOYENS un chef qui n'a pas leur aveu, qui, bien plus, excite leur défiance! Ils pensent qu'un pareil pouvoir fait courir de perpétuels dangers à la République, et ils le considèrent comme excessif, et excessif à ce point, qu'ils ont peine à concevoir comment UN homme *ose accepter de l'exercer!* Ils vont jusqu'à douter de la sincérité de ceux qui concourent à la constitution de tels pouvoirs ; car, disent-ils, en admettant même la probité politique et la sagacité de ceux que l'on pense en investir aujourd'hui, on ne peut se refuser à reconnaître que ce pouvoir pourra, dès le lendemain, tomber dans des mains incapables ou infidèles, et qu'alors il y aura abus. Or, le repos public ne peut pas être subordonné à de semblables éventualités. En conséquence, les citoyens dissidents pensent qu'il faut en revenir au droit commun de s'administrer soi-même, et que le commandement en chef de la garde nationale doit émaner de l'élection.

Quoi de plus naturel et qui y contredit? Personne ; pas même le gouvernement..... lorsque la force a prononcé contre lui.

Mais, disent quelques gens pris d'un scrupule honorablement exagéré, c'est contraire à la légalité, puisque la nomination du commandant de la garde nationale appartient au chef du pouvoir exécutif..... Vaine objection. Le droit est le droit, et rien ne prévaut contre le droit : les révolutions le prouvent.

En vain mettrait-on électeurs sur députés, chambre sur ministres, et chef du pouvoir exécutif sur généraux impériaux exercés à tirer sur la vile multitude et la tourbe impure, on ne ferait pas que toute convention, virtuellement contraire au droit, quelles que fussent d'ailleurs les parties contractantes, ne fût, *ipso facto*, caduque et vouée à la destruction. C'est une simple loi d'équilibre. Comme cette poutre plongée dans l'eau, quelque violemment qu'on l'y jette, d'elle-même elle remonte à la surface : le droit surnage.

De même, tout acte administratif qui viole les conventions

sociales reconnues justes, ou seulement en contredit effectivement l'esprit, *viole le droit, annule ces conventions,* au
moins vis à vis de celui ou de ceux qui ont fait abus et qui
sont responsables des conséquences de cet abus.

Or, la prétention de soumettre *quatre cent mille citoyens
libres et intelligents* au *commandement* ABSOLU d'un personnage
quel qu'il soit, est une de ces conventions caduques, en ce
qu'elles sont contraires au principe républicain qu'elles me-
nacent de destruction.

Donc, point de division sur cette question : le gouvernement lui-même y donne son adhésion.

Il faut même aller plus loin.

En effet, la garantie tirée du choix des commandants par
les commandés est encore insuffisante, attendu que le fait de
l'élection ne saurait conférer virtuellement, et *ipso facto,*
aucune *supériorité absolue,* et que, par conséquent, bien
QU'ÉLU, l'homme chargé de l'énorme pouvoir à lui confié
n'en reste pas moins un homme, c'est-à-dire toujours capable
d'errer, d'être insuffisant, d'excéder ou de fausser son mandat.

Il importe donc que l'institution d'un commandant en chef
soit, pour plus de garantie, complétée par l'adjonction d'un
conseil permanent également élu, sans le concours duquel
certaines grandes mesures, ou rien même que la mise en
mouvement d'une grande partie de la force armée, ne pour-
raient être ordonnées.

Et bien plus, cette précaution, dont le simple sens commun
et l'histoire démontrent la nécessité, *est encore insuffisante;* il
faut aller plus loin encore.

En effet, par l'adjonction d'un conseil permanent au commandement des forces armées, on pourra bien diminuer les
inconvénients attachés à l'exercice de tout pouvoir excessif;
mais on ne parviendra point à corriger tous les vices inhé-
rents à cet exercice. — Poursuivre d'ailleurs cette correction absolue, qui serait pourtant *nécessaire,* serait tenter
une irréalisable utopie.

Ce n'est donc pas seulement à *surveiller* le commandement en chef d'un grand corps de troupes qu'il faut s'ingé-
nier, IL FAUT SUPPRIMER CE COMMANDEMENT. — Sauf en cas de
guerre, où la concentration de grandes forces militaires et
l'unité d'action peuvent être indispensables, *la force armée
doit rester* FRACTIONNÉE et sous le commandement de *simples
chefs de division* ne recevant des ordres, pour l'administra-

tion et la direction commune des troupes, que du grand conseil de guerre élu.

Il est bien entendu que la durée des pouvoirs conférés par
l'élection doit être très-COURTE, étant admis, par contre, *le
principe de la réélection.*

Quels que soient les inconvénients que semblent présenter
ces modifications importantes, qui heurteront peut-être certains préjugés, il n'en est pas moins vrai qu'il doit résulter
de ces modifications des avantages tels, *pour la chose publique,* qu'il n'y a point lieu de se préoccuper de ces inconvénients, qui ne sauraient les détruire ou seulement les atténuer.

En effet, on croit, en France, beaucoup trop à *l'autorité
faite homme,* à *l'homme-providence,* et, malgré toutes les dé-
ceptions, l'on est trop encore disposé à sacrifier à ce funeste
et ridicule fétichisme, qui en est, pour ainsi dire, encore
au bonnet de Gessler. Il faut qu'on le sache, *toute part de souveraineté* abandonnée à la personnalité publique d'*un homme,*
*toute fonction qui s'*INCORPORE et n'a pour correctif que la sur-
veillance abstraite et dérisoire du public, lequel ne voit rien,
ou n'a jamais pu rien empêcher ou redresser *que par des révolutions,* cette part de la souveraineté est *une réduction du
droit commun, une atteinte grave et certaine au principe de
l'ordre. Limiter* de plus en plus, *partout où il peut se produire,*
le pouvoir personnel est le GRAND PROBLÈME ; car ce pouvoir de-
vient NÉCESSAIREMENT L'ABUS, par l'usage, s'il ne l'est *sui ge-
neris. L'autorité,* dans le sens de *personnalité,* attaché à
ce mot en France, le *pouvoir* INCARNÉ, est la grande cala-
mité sociale, humaine ; c'est là l'ennemi commun, toujours
menaçant, et sus lequel doivent, sans relâche, courir toutes
les intelligences.

Et si l'on considère que, dans l'espace d'un siècle, il n'est
peut-être qu'un Washington qui, chef de gouvernement, soit
resté un honnête homme, un noble cœur, une ferme intelligence, et n'ait pas trompé ou déçu la confiance publique, on
trouve qu'ils sont inspirés par la raison supérieure, les virils
citoyens qui refusent de se soumettre désormais à un commandement absolu, qui n'a pas leur aveu, et ne veulent plus
obéir consciemment qu'à la *direction acceptée par eux.* Par
contre, on reconnaît qu'ils ont tort ceux qui prétendent per-
sister dans les vieux errements du passé et veulent contraindre les autres à les suivre ou à s'arrêter. Leur tort prend les
proportions du crime, si c'est au prix même d'une lutte

fratricide qu'ils entendent imposer leur déraisonnement.

*
* *

Ces mêmes dissidents disent encore : Il est juste, il est sage que les intérêts de la communauté, qui ne peuvent être administrés directement par tout le monde simultanément, le soient au moins médiatement par des mandataires élus directement par les intéressés.

Qui y contredit? Personne.

Ceux-là mêmes qui sont au pouvoir ont professé depuis vingt ans cette théorie du droit. L'un d'eux, ministre des affaires étrangères, l'autre, ministre des finances, ont, le premier, dit en réclamant le rétablissement du conseil municipal de Paris et de Lyon : « Il ne saurait y avoir de *pres-« cription contre le droit;* il ne saurait y avoir de *décision d'as-« semblée*, MÊME SOUVERAINE, qui puisse en détruire la majesté « et la force. » (Jules Favre, 12 avril 1867.)

Le second : « Paris est là qui veille toujours sur le droit, et « qui saura se le faire rendre. » (M. Picard, 4 mars 1869.)

À quoi le ministre d'alors répondait : Si c'est sur la légalité que vous comptez pour reprendre ce droit, vous attendrez longtemps; si c'est sur la force, ce ne sera jamais!

Et l'on voit, par les faits accomplis aujourd'hui, si ces rodomontades impertinentes de la force ont eu plus d'effet ici qu'elles n'en ont eu... et n'en auront ailleurs.

Donc, tout le monde est d'accord; — oui; — mais lorsque l'on réclame enfin l'exercice de ce droit, si bien reconnu, le vieil esprit autoritaire aidant, cet esprit qui, en France, envahit la cervelle de l'homme aussitôt que son corps revêt l'habit du fonctionnaire, espèce de tunique de Nessus, il en est qui ne veulent plus répondre à cette réclamation que par des coups de fusil, ce qui n'est pas une satisfaction; et d'autres, ceux-là mêmes qui ont si éloquemment revendiqué le droit, et qui ont enfin le pouvoir d'y conformer les faits, ceux-là font la sourde oreille, et, sous prétexte de chercher la formule du droit, comme si depuis vingt ans leurs idées n'avaient pas eu le temps de se préciser à ce sujet! ils ajournent indéfiniment, ne cèdent que de mauvaise grâce... et trop tard! Enfin, la force menaçant cette fois, non de primer, mais d'appuyer le droit, ils se résignent à présenter un projet de loi... et alors, on a le secret de ces étranges tergiversations...

ce projet est moulé sur le vieux type autoritaire, et ce sur-moulage est si puérilement exact, qu'il semble ne pouvoir être que l'œuvre d'un esprit descendu à cet état que la science peut seule caractériser.

En effet : magistrats municipaux *choisis* par le *chef du pouvoir exécutif;* conseil municipal ne pouvant se réunir que sur *convocation* du *préfet; présence* du préfet de la Seine et du préfet de police *imposée,* aux séances du conseil; le conseil votant le budget, mais ne *pouvant délibérer* que sur les *objets d'administration municipale,* etc.—C'est-à-dire le chef du pouvoir exécutif, quel qu'il soit, pouvant toujours *tout,* immédiatement ou médiatement, et le conseil ne pouvant *rien,* puisqu'il est subordonné, alors que c'est l'inverse qui doit avoir lieu, c'est-à-dire le conseil dirigeant et le préfet exécutant.

Et encore ici, faut-il aller plus loin, ainsi que pour le commandement de la garde nationale.

Le fonctionnaire important appelé *préfet* est-il nécessaire?

De simples chefs de bureau, en rapport avec des commissions permanentes du conseil municipal; un chef de bureau central, exécutant les décisions du conseil, ne suffiraient-ils pas ici, et de même partout?

Evidemment oui; c'est une vérité élémentaire pour tout homme lucide et désintéressé qui a pu se rendre compte de l'énormité des abus que le système d'administration publique pratiqué en France rend possibles.

On reviendra de ces abus; on viendra à ces réformes.

L'ordre et l'économie y gagneront.

Pensez-y.

*
* *

Telle est donc la situation présente. Elle est grave; elle serait menaçante, si elle n'était dominée par les gens sages et de bonne intention.

Or, les sages, ce ne sont pas les inertes, rivés au passé, et qui ne sont forts que pour *empêcher;* les sages, ce sont les gens modérés, en qui est l'esprit de transaction, d'équité; qui SAVENT AGIR, c'est-à-dire non-seulement donner satisfaction au droit, mais aller plus loin encore, et, contrairement au principe autoritaire de M. Thiers, savent même *composer,* dans certaines limites et à propos, avec les passions égarées;

parlementer, même avec l'émeute, plutôt que 'd'inonder la cité du sang des citoyens, bourgeois ou soldats, qui sont, en définitive, tous des frères, lorsqu'il ne s'agit pas de se défendre contre une agression meurtrière, et lorsqu'enfin l'émeute n'a pas pour cause des motifs dépourvus de raison.

Ce sont donc des gens modérés, et ceux-là seulement, qui pourront apaiser les conflits paraissant diviser la société, et préparer, aux problèmes qui agitent les esprits, des solutions ne laissant après elles, ni le désespoir, ni le deuil, ni l'arrière-pensée haineuse et corruptrice des représailles...

Ces sages, forts de leur conscience et de leurs intentions, *voyant clair dans les faits* et dans leurs causes, répudieraient l'appareil de la force ; ils viendraient au sein de la capitale, leur véritable place, dire au peuple :

Nous voici ; nous sommes vos frères, non vos maîtres, encore moins vos bourreaux ; nous vous apportons notre vie en gage de la loyale fraternité de nos intentions.

Où serait le risque pour eux, *s'ils sont effectivement loyaux et frères ?*

Sylla est bien descendu au sein du peuple, disant seulement :

« Aux complots, aux poignards, j'oppose mon génie. »

Mais cette tâche ne saurait en effet être remplie par ceux qui ne savent que se renfermer, tremblants, dans un camp ; qui en appellent à l'ennemi ; qui en appellent aux soldats de *toute la France*, pour rétablir, *avec la dernière énergie*, l'ordre, lequel n'est troublé que dans leurs idées ; qui ne font pas, aux massacreurs de l'Empire, *l'accueil qu'ils méritent ;* ce ne sont pas ceux qui ne sont que *la force*, ne veulent que *la force*, et n'en appellent qu'à *la force ;* ce ne sont pas ceux qui, légers de cœur, n'hésitent point à appliquer la peine de mort à des populations entières pour sauvegarder le prestige de leur autorité ; car ce sont des trouble-monde et des semeurs de vengeance, aussi impuissants à rien réparer qu'à rien fonder.

En vain auraient-ils fait égorger, sans choix, tout ce qui était sur l'Aventin parisien, tout le peuple de Belleville, et tous les instigateurs, et tous les égarés, et tous les convaincus, et tous les penseurs équitables et impassibles qui voient le droit ailleurs qu'où l'y voit ordinairement le monde officiel ; en vain, comme les exécuteurs du *Deux Décembre !* auraient-ils entassé cadavres sur cadavres, et tiré de tout cela des maréchaux prêts à recommencer, ils ne seraient parvenus qu'à un résultat : démontrer leur impuissance et leur inepte cruauté.

Pensez à cela, ô vous, monde officiel ; vous avez la *force*, et, croyez-vous, le droit légal ; soyez bienveillants ; soyez la fraternité, non la violence !

Pensez-y et croyez-nous.

Ne jouez pas avec la force !

(31 mars.)

ÉPILOGUE

3 avril 1871

Ces pages n'étaient point encore sorties de la presse que déjà se réalisaient les prévisions qui y sont contenues.

Versailles, justifiant les défiances de Paris, a passé des menaces à l'action, de la provocation à l'attaque !

Des balles françaises ont percé des poitrines françaises,

La guerre civile a éclaté.

Les chefs dits de l'ordre légal, d'un cœur léger, font cette guerre plus implacable que la guerre étrangère, donnant ainsi raison à ceux qui ne craignaient pas d'affirmer que l'inertie, dont ils avaient donné la déplorable preuve devant l'ennemi, se transformerait bientôt en « *dernière énergie,* » dès qu'il s'agirait de frapper sur leurs concitoyens, comme pour se venger des sentiments de répulsion qu'ils leur inspirent.

Et, particularité singulière, ces forts édifiés par M. Thiers et dont, à leur origine, l'opinion publique attribuait la création bien plus à la pensée de contraindre la capitale qu'à celle de la protéger contre l'ennemi, ces forts n'ont point en effet sauvé Paris, et c'est, au contraire, sous M. Thiers et par son ordre, que le Mont-Valérien a vomi toutes ses mitrailles sur les enfants de la grande cité !

Étrange fatalité des choses humaines !

C'est ainsi que se justifient les défiances anciennes ou récentes de ceux à qui le chef du pouvoir exécutif a toujours été suspect.

Du reste, M. Thiers et la majorité de la Chambre ne visaient évidemment, tout le prouve, qu'à la guerre civile, dans le but, fort peu dissimulé, du moins par une partie des membres de l'Assemblée, d'un retour vers un passé condamné et ennemi. Dès lors, il était facile de prévoir qu'ils ne reculeraient pas devant les moyens de la *dernière énergie.* — On n'avait pas assez remarqué avec quelle insistance M. Thiers avait parlé des armées qu'il allait s'attacher à reconstituer, non certainement contre l'ennemi, puisqu'il ne voulait pas recommencer la guerre, mais contre le pays lui-même, en arguant des nécessités du « *maintien de l'ordre.* » Il reconstitue en effet ces armées; à son appel, toutes les rancunes, toutes les haines, toutes les envies, toutes les peurs, tous les fanatismes et toutes les ambitions accourent, et, sous le prétexte de défendre le droit national, se disposent à ne faire aucun quartier aux Parisiens, qui prétendent défendre légitimement la République, évidemment menacée.

Eh bien ! en invoquant ce prétexte de la défense du droit national, on trompe ; et ceux qui se laissent convaincre ne sont, pour la plupart, que des instruments volontaires, peu soucieux du droit et de la nature des projets à l'exécution desquels ils sont appelés à concourir.

Mais, comme il ne saurait être question de gratuitement injurier ici personne, il faut reconnaître que, — abstraction faite de ceux que contraint la discipline militaire, — parmi ceux qui obéissent volontairement à des ordres fratricides, il en est qui se *croient obligés à l'obéissance, parce que ces ordres sont donnés au nom d'une autorité* prétendue *indiscutable,* COMME ÉMANANT DU SUFFRAGE UNIVERSEL.

Il faut les détromper; cette appréciation de l'autorité qui siége à Versailles est une erreur.

D'abord, les pouvoirs de la Chambre sont, on ne saurait le contester, virtuellement limités à la confection du traité de paix; une Assemblée constituante, explicitement nommée *ad hoc,* pourra seule aller plus loin. Elle n'a pas, en tout cas, mandat de constituer la France en état de guerre civile, surtout à l'occasion de réclamations dont elle-même reconnaît la légitimité.

Ensuite, c'est une erreur de croire que le suffrage universel puisse conférer à *la personnalité de l'élu* un caractère indélébile, impliquant une *autorité absolue.*

Sans doute, le suffrage universel apparaît, en l'état actuel des connaissances humaines, comme le meilleur moyen pratique de personnifier la volonté commune ; sans doute, à ce titre, il faut l'entourer de respect et lui vouer obéissance ; mais, comme il ne s'agit point ici, en définitive, d'un dogme dont l'origine soit extra-naturelle et qui s'impose tel quel à la *foi;* mais bien d'une institution purement humaine et par conséquent imparfaite, sinon dans son principe, au moins dans ses effets, il est permis d'en examiner l'essence, d'en contrôler la portée et d'en corriger les défauts.

Comme expression et comme exercice de la souveraineté individuelle, le droit de suffrage est, en lui-même, absolument sacré, cela est incontestable. Mais comme cette souveraineté ne peut jamais s'aliéner complétement, voter n'est pas abandonner absolument cette souveraineté, c'est uniquement faire l'acte de constitution d'un mandataire, acte ne présupposant, à aucun titre, la déchéance du mandant. Jamais mandataire, en effet, dans quelque circonstance qui se puisse imaginer, n'a été pourvu de pouvoirs tels, que ces pouvoirs pussent légitimement se retourner contre le mandant. Le mandataire reste donc toujours comptable et responsable du mandat ; s'il le remplit mal, le fausse ou le dépasse, il commet un abus dont il doit réparation et, dans ce cas, le mandant a toujours au moins le droit de mettre un terme à l'abus, par la révocation du mandat, aussitôt qu'apparaît l'abus. Rien au monde, ni la force, ni le *consentement même des intéressés*, ne peuvent prévaloir contre cette loi naturelle ; car le consentement même, surpris à l'inconscience de celui qui s'engage, serait sans valeur, attendu que la sollicitation seule de la nature le pousserait invinciblement à la résistance et à la rupture d'un contrat qui violerait la plus importante de ses lois : celle qui interdit à l'homme d'abandonner jamais absolument la libre disposition de lui-même ; les révolutions le prouvent outre mesure ; personne ne songe aujourd'hui à revendiquer, en faveur de l'Empire, les *huit millions de* oui, inconscients pour le plus grand nombre, qui avaient paru en consacrer la perpétuité.

Par cela seul qu'une réunion de mandataires est le produit d'une élection, s'ensuit-il que le vote leur ait conféré, *ipso facto, l'infaillibilité et l'irresponsabilité* qui ne sont même pas le privilége des mandants eux-mêmes et qu'en conséquence, obéissance absolue soit due à ces mandataires, quoi qu'ils veuillent ou qu'ils fassent ? Évidemment non. S'ils sont faillibles, ils sont peccables ; s'ils sont peccables, ils sont responsables ; chacun peut donc toujours légitimement discuter leurs actes et, selon les cas, légitimement aussi leur résister.

Tel est le droit naturel, confirmé par le droit public. Sans la réserve de ce droit de résistance, souverain avant tous autres, la responsabilité serait vaine et la garantie du mandant dépourvue de sanction. Nier ce droit, le proscrire, ce serait reconstituer, au profit de la personne des *élus*, non-seulement le droit de la force; mais encore le droit divin; le suffrage ne serait plus seulement un principe, une convention; ce serait une idolâtrie. La prétention à *l'omnipotence* et à *l'inviolabilité*, qui en serait la conséquence, constituerait pour l'ordre social, si elle était admise, la plus dangereuse de toutes les usurpations.

Ce serait cette tyrannie *légale* dont Tacite a dit : « On souf-« frait autant des lois, qu'on souffrait autrefois des crimes. »

Il demeure donc évident que le droit de recourir même à la force reste toujours ouvert aux citoyens qui n'ont pas d'autre moyen légal de correction contre leurs mandataires infidèles, et que le criminel et le factieux, dans ce cas, ce n'est pas le citoyen qui revendique ses imprescriptibles droits, c'est le représentant ou le fonctionnaire, sous-délégué, qui résiste.

La prétention à un pouvoir d'essence métaphysique et supérieur à tout ne repose donc que sur une fiction : la transmission d'une sorte de souveraineté absolue qui n'existe pour aucun, vis à vis d'autrui. Or, toute fiction est éphémère et il n'en est pas une seule qui se puisse rigoureusement imposer dans les faits, sans être l'oppression; la réalité seule subsiste, s'impose et est éternelle; elle est le droit.

En conséquence, proclamer, d'une part, que l'ensemble des élus du suffrage universel est inviolable, qu'y résister est violer la loi sociale, alors que, d'autre part, on ne peut se refuser à reconnaître, que ces élus pouvant excéder, le droit de résistance et de coërcition même reste toujours ouvert contre eux s'ils abusent, c'est créer un de ces mille cercles vicieux qui enchevêtrent le monde. Tout cercle vicieux n'est tel que parce qu'il contient une partie fausse; on n'en peut sortir que par l'élimination de cette partie. Or, le droit de résister à l'abus ne pouvant être contesté, on ne saurait sortir de ce cercle vicieux qu'en soumettant les délégataires du pouvoir à la *responsabilité effective*, et qu'en les contraignant, par une certaine limitation ou définition du mandat, à agir non-seulement conformément à la lettre de la loi, mais encore selon l'esprit du droit,

En résumé donc, ce qui est sacré ici, et ce que l'on ne peut violer sans forfaire , c'est le *principe même du droit électoral.*

Ce qui n'est pas virtuellement sacré, c'est la personnalité du mandataire vis à vis duquel le droit de résistance subsiste toujours à l'état permanent s'il abuse.

Il n'y a nulle confusion entre ces deux choses, qui sont essentiellement distinctes.

Gêner, empêcher *l'exercice du droit de suffrage,* c'est forfaire au premier degré. — L'Assemblée de 1849, qui se prétendait, elle aussi, comme celle de Versailles, omnipotente, avait osé porter la main sur le droit : il en est résulté sa propre destruction, et le crime *du 2 Décembre.*

Chasser l'agent qui trahit ou fausse son mandat, ce n'est pas forfaire, c'est rétablir l'ordre troublé par lui, c'est exercer un droit naturel, et si naturel qu'en empêcher l'exercice, c'est là forfaire. L'Empereur a disparu !

*
* *

Or, la délégation qui siége à Versailles et les agents du pouvoir exécutif, qui sont ses sous-délégués, exercent-ils leur autorité dans le véritable esprit du mandat qui leur est confié et dont la nature est déterminée par la raison claire des choses? Ce mandat, en bonne foi, comportait-il le droit de tout préparer pour le renversement d'une République en qui est son principe et son titre? Ce mandat permettait-il au pouvoir exécutif, contrairement au sens commun, et à l'exemple des pays libres et expérimentés dans la liberté, où le personnel de l'administration publique est toujours tenu en conformité de nature avec les institutions, ou seulement même avec la nuance politique du moment, comme en Angleterre, en Amérique, ce mandat permettait-il de conférer les plus importantes fonctions publiques et les commandements militaires à des agents antipathiques à la conscience publique et notoirement ennemis des institutions nouvelles qu'ils sont appelés à servir; comme aussi, pour compléter cette démonstration de fait, ce mandat permettait-il de ne proférer que des menaces et des injures, et, par cette sorte de défi hardi, de susciter les défiances, d'irriter les susceptibilités légitimes d'un peuple trop confiant et impressionnable à l'excès? Ce mandat permettait-il enfin, par l'ensemble de ces mesures concordantes et de ces déclamations aussi haineuses qu'impolitiques, de lancer une menace sournoise à l'institution républicaine et de provoquer ainsi une inévitable guerre civile? Evidemment non.

Et lorsque l'on se constitue à l'état de résistance contre vous, il ne vous est pas permis, pour condamner vos adversaires, d'arguer de la violation du suffrage universel. Ce principe n'est point en cause; il n'est pas touché.

Il ne s'agit que de la *personnalité* des hommes qui, abusant du mandat qu'on leur a confié, ont provoqué des résistances, en fournissant eux-mêmes *des motifs de résister*, et ont ainsi amené la lutte où se joue, si douloureusement, le sort de la patrie.

Donc, c'est sur ceux-là qui ont provoqué, qui ont entamé la lutte, que doit retomber la responsabilité de la guerre civile; car ce n'est pas parce que l'on est constitué *pouvoir* que toutes les provocations sont permises; la responsabilité sévère s'impose à toutes les têtes.

A ceux donc qui aujourd'hui sont le meurtre et demain seraient l'oppression, s'ils triomphaient et s'ils triomphaient par la force, à eux la responsabilité première du sang qui aura été versé et des incalculables malheurs qui pourront suivre cette lutte fratricide ; ils en rendront compte un jour.

Et s'ils n'arrêtent pas cette horrible lutte par une transaction nécessaire et fraternelle, s'ils la *poursuivent* JUSQU'AU TRIOMPHE par les armes, il faut que tous ceux qui l'ont provoquée se fassent, par application des paroles de M. Thiers, « *horreur à eux-mêmes,* » pour avoir attaqué et pour avoir décimé, non une poignée de factieux sans droits, mais une partie considérable de « *cette* GRANDE POPULATION *qui a relevé* « *la France aux yeux du monde entier.* » Car c'est de cette seule façon qu'ils pourront se trouver en communauté de sentiment avec la France, qui gémit de ces malheurs inouïs et qui leur fait un crime de les avoir provoqués ou de n'avoir pas su les prévenir.

VARWIC.

Imprimé par Ch. Noblet, rue Soufflot, 18.